Claire Astolfi

La véritable histoire de Hoang, qui risqua sa vie en fuyant son pays

bayard jeunesse

*À tous les migrants de ma famille,
d'Afrique et de Russie, qui ont fui leur pays
pour vivre en France.*

L'éditrice tient à remercier chaleureusement Hoang Nguyen-Martinon pour nous avoir permis de raconter son histoire. Elle remercie aussi Elias et Eleanor pour leur lecture, ainsi que Baptiste Massa pour son aide précieuse.

La véritable histoire de Hoang a été écrite par Claire Astolfi
et illustrée par Marcelino Truong.
Direction de collection : Pascale Bouchié.
Illustrations : pages 7, 8-9, 15, 22, 31, 34-35 et 43-43 : Nancy Peña.
Photo page 41 : domaine public.

La collection « Les Romans-Doc Histoire »
a été conçue en partenariat avec le magazine *Images Doc.*
Ce mensuel est édité par Bayard Jeunesse.

18, rue Barbès, 92120 Montrouge
ISBN : 979-1-0363-1459-9
Dépôt légal : avril 2020

Loi n° 49-956 du 16 juillet 1949 sur les publications destinées à la jeunesse.
Imprimé en France par Pollina s.a., 85400 Luçon - 93642.

CHAPITRE 1

L'ÉLÉPHANT-VILLAGE

Avril 1979, dans le sud du Vietnam…

Hoang, les fesses collées sur les talons, regarde la mer de Chine qui scintille devant lui. Sa petite sœur Laï crie derrière lui :

– Hoang, viens manger ! Cha* est rentré du travail et Me* n'aime pas qu'on arrive en retard au repas.

– J'arrive, répond le jeune garçon en se levant d'un bond.

* *En vietnamien,* Cha *veut dire papa et se prononce* Tchia, *et* Me, *maman.*

À la maison, toute la famille est réunie. La bouche pleine de vermicelles de riz aux crevettes, Hoang supplie :

– Ông*, raconte-moi l'histoire du village !

– Encore ? s'exclame son grand-père avec un sourire ravi. Humm… Eh bien, notre village est comme un éléphant qui vivait dans le nord du Vietnam. À ses côtés serpentait Song Danh, un long fleuve paisible qui s'étirait jusqu'à la mer. Sur le dos de l'éléphant-village vivaient des pêcheurs qui cultivaient aussi du riz. Mais, un jour, des soldats ont chassé tout le monde. C'était la guerre ! Des navires ont alors emmené les villageois plus au sud, dans la ville de Tourane.

– C'est là que l'éléphant-village s'est installé ?

– Il est descendu encore plus au sud et s'est trouvé une belle plage. Mais il a fallu défricher la jungle et chasser les tigres, les éléphants sauvages et les macaques… Ensuite, l'église en bambou a été bâtie. Tout le village s'y est mis !

– Même les enfants ? s'étonne Hoang.

– Dans un village, tout le monde peut faire quelque chose…

* *En vietnamien,* Ông *veut dire grand-père, et* Bà, *grand-mère.*

L'HISTOIRE DU VIETNAM

Le Vietnam, colonie française

Après mille ans de domination chinoise, le Vietnam devient indépendant au Xe siècle. Les dynasties se suivent jusqu'en 1880, quand la France l'intègre à son empire colonial, créant l'Indochine française, qui comprend également le Cambodge et le Laos.

La guerre d'indochine (1946-1954)

Après la Seconde Guerre mondiale, un mouvement national communiste déclare l'indépendance du Vietnam, provoquant la guerre d'Indochine et le départ des Français en 1954. Le Vietnam est alors séparé en deux : au nord, la République démocratique du Vietnam sous l'influence de l'URSS (Union des Républiques socialistes soviétiques, formée par la Russie entre 1922 et 1991), au sud, la République du Vietnam sous influence américaine.

La guerre du Vietnam (1959-1975)

800 000 catholiques vietnamiens sont persécutés dans le Nord et fuient vers le Sud. En 1959, la guerre éclate entre les deux parties aux alliés puissants. Les États-Unis envoient plusieurs centaines de milliers de soldats et déversent plus de 7 millions de tonnes de bombes sur le pays. En 1975, la chute de Saigon met fin à la guerre et la République socialiste du Vietnam est proclamée l'année suivante. Plus de 550 000 Vietnamiens fuient le régime autoritaire par la mer : ce sont les boat people.

Le Vietnam aujourd'hui

En 1986, le Vietnam entame une politique de renouveau, le *Doi Moi*, qui encourage les naissances, le développement des villes et une économie plus ouverte sur le monde. Malgré cette libéralisation économique, le pays reste dominé par le parti communiste vietnamien, très présent dans les villes et les campagnes. Comme en Chine, le nombre d'enfant par famille est limité à deux.

– Maintenant, au lit ! les interrompt Me. Nous avons à parler de choses importantes…

– Attends ! s'écrie Ông en retenant son petit-fils par le bras. Tiens, j'ai sculpté cet éléphant pour toi.

– Oh, qu'il est beau ! s'exclame Hoang en caressant le petit animal en bois. Merci grand-père !

Dans sa chambre, Hoang n'a pas sommeil. Quelles peuvent être ces choses importantes dont parlent les adultes ? Sur la pointe des pieds, il se glisse derrière la porte et entend la voix de son père :

– Ça y est, c'est décidé, nous allons partir avec oncle Bao. J'ai tout vendu pour payer le voyage.

Bà se met à pleurer :

– Mon Dieu, quel malheur ! Voir partir ma fille, mon gendre, mes petits-enfants… Qui va prendre soin de nous ? Qui va prendre soin de vous ?

– Nous n'avons plus le choix, réplique le père de Hoang. Nous avons à peine de quoi vivre, on nous interdit de nous déplacer, de prier, de travailler ! Et puis, nous sommes sans cesse surveillés et menacés d'être envoyés dans un camp de rééducation !

(suite page 10)

LE ViETNAM DANS LE MONDE

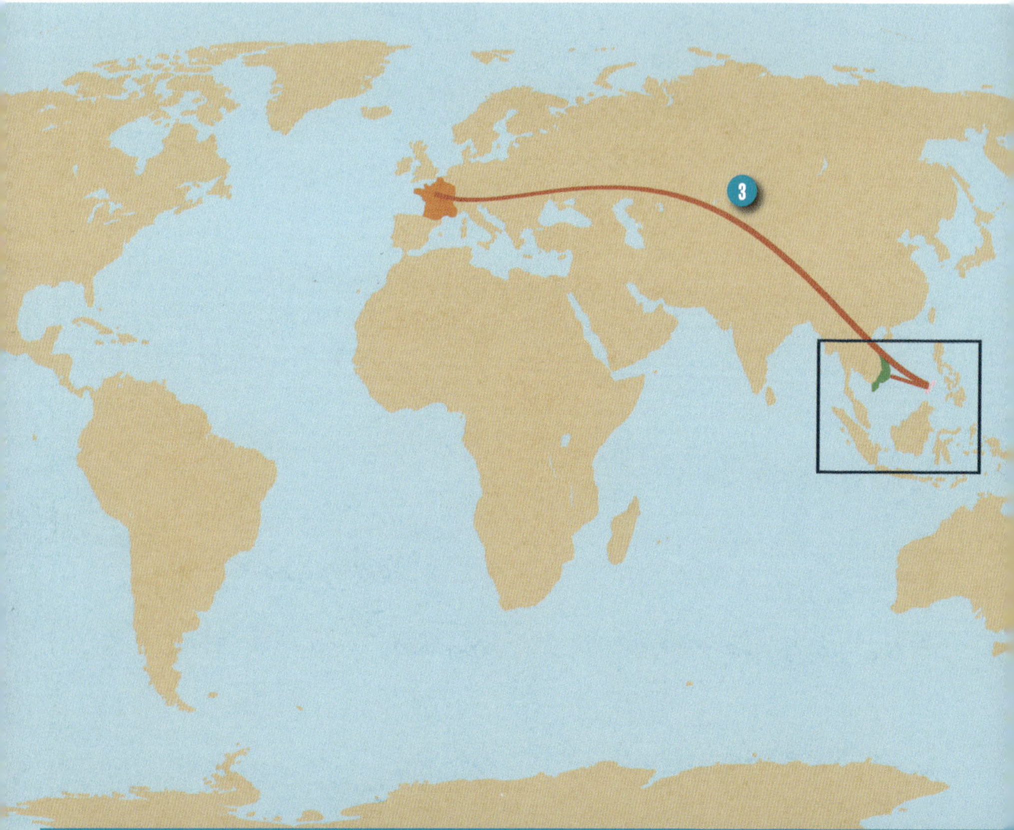

1. La traversée des mers

Les pays d'Asie du Sud-Est sont sur une péninsule, presque totalement bordée par la mer. Pour s'enfuir, difficile de faire autrement que de prendre le bateau. C'est pourquoi des milliers de personnes empruntent la voie des mers sur des embarcations de fortune malgré les nombreux dangers.

2. Une division Nord-Sud

Le pays a longtemps été divisé en deux par une frontière : le Nord sous influence soviétique et le Sud sous influence américaine. Comme le grand-père de Hoang, des milliers de Vietnamiens ont d'abord fui les persécutions du Nord du pays vers le Sud.

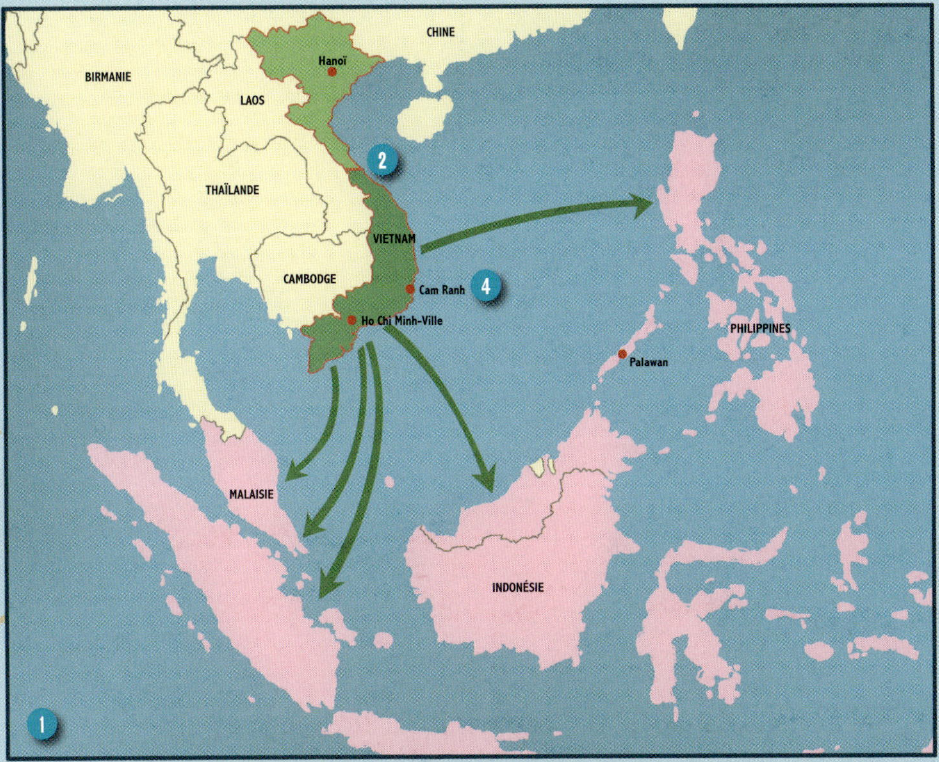

3. Encore plus loin

Le Vietnam est à 10 000 km de la France. Les pays voisins (en rose) sont rapidement débordés par le nombre de réfugiés et refusent d'en accueillir davantage. Pour la première fois dans l'histoire, une institution internationale, le HCR (Haut Comité aux Réfugiés) organise les départs et les répartitions dans les pays d'accueil.

Pour des raisons politiques et historiques, la France et les États Unis ont accueilli une grande part de ces réfugiés d'Asie. C'est à l'autre bout du monde que ces personnes déracinées pourront s'installer et mener une vie meilleure.

4. Cam Ranh

Cam Ranh est le village d'où vient Hoang.

– Mais pense aux dangers ! gémit Bà. Les garde-côtes, les pirates, les tempêtes !

– Petite Mère, dit doucement la mère de Hoang, nous savons tout cela. Mais nous sommes prêts à prendre le risque, car rien n'est plus important que la liberté…

Derrière la porte, Hoang sent son cœur cogner dans sa poitrine. Quitter le village ! Pour aller où ? Effrayé, il rejoint sa sœur aînée qui dort déjà.

– Loan ! Réveille-toi !

– Mmm…, grogne Loan. Quoi ?

– On va partir, chuchote Hoang la voix tremblante.

Loan se redresse et répond, le regard grave :

– Je sais. Me me l'a dit il y a quelques jours.

– Mais pourquoi ?! s'exclame son frère avec colère. Je ne veux pas partir !

Loan hausse les épaules :

– Tu sais, la vie devient insupportable pour nous. Nos parents peuvent être arrêtés à tout moment parce qu'ils sont catholiques et parce que papa a travaillé pour les Américains…

Un sourire doux aux lèvres, Me les rejoint et les enlace avec tendresse.

– Je sais que c'est terrible d'abandonner son village, une partie de sa famille et ses amis. Cela demande du courage à tout le monde… Mais vous verrez, tout se passera bien.

Allongé sur son lit, Hoang garde longtemps les yeux ouverts. Dans le village, certains sont déjà partis. Personne ne les a revus… Hoang pense à tous les amis qu'il va laisser derrière lui, à ses grands-parents qu'il ne verra peut-être plus. Il revoit la plage où il aime tant se baigner et où les pêcheurs piègent les poissons à marée basse…

Lui ne veut pas devenir pêcheur, il veut être militaire, comme son père qui était soldat quand les Américains étaient encore là. Mais, depuis le départ de ceux-ci, ses parents sont redevenus agriculteurs et pêcheurs… Que faire d'autre ?

Peut-être irons-nous vivre aux États-Unis ? espère Hoang qui s'endort enfin, bercé par cette perspective pleine de promesses…

CHAPiTRE 2

LA TEMPÊTE

Dans la nuit moite, le chant des grillons annonce la mousson d'été.

– Hoang, c'est l'heure, chuchote Me.

Le garçon enfile aussitôt un short en toile, une chemisette blanche et glisse son petit éléphant dans sa poche.

Sur le perron, sa petite soeur Laï lui tend la main tandis que Loan et leur mère ficèlent les derniers paquets. Leur père surgit de l'obscurité :

– Il est temps, allons-y. Surtout pas de bruit, les soldats patrouillent pas loin d'ici…

Sur le petit bateau de pêche, ils sont trente-huit villageois, des hommes, des femmes et des enfants, qui laissent tout derrière eux dans l'espoir d'un avenir meilleur. Entassés sur le pont, ils entendent le bateau crachoter et s'éloigner du rivage. Les larmes coulent sur les visages inquiets… Ne s'agit-il pas d'un voyage sans retour ?

Coincé entre son père et son oncle Bao, Hoang contemple la mer de Chine qui s'étale devant lui comme une grande flaque d'encre noire. Il ne veut pas se retourner. Il sait qu'en ce moment ses grands-parents prient pour eux, le cœur brisé par cette séparation. « Non ! Je ne veux plus penser à eux ! Je ne veux pas pleurer ! J'ai dix ans… je suis grand, non ? »

À quelques pas de lui se tiennent sa mère et ses deux sœurs, Loan et Laï. Il leur sourit bravement, mais, au fond de lui, il est terrorisé.

– Cha ? chuchote-t-il. On va aller vivre dans quel pays ?

– J'ai des cousins en France qui pourront nous héberger.

(suite page 17)

LES BOAT PEOPLE

Les boat (« bateau » en anglais) **people** (« gens ») désignent les Vietnamiens, Cambodgiens et Laotiens qui ont fui par la mer le régime communiste de leur pays, à la fin des années 1970 jusqu'aux années 1990.

Entassés sur des embarcations de fortune, ces **réfugiés** ont affronté les tempêtes, les pirates ou les garde-côtes. 250 000 personnes sont mortes dans ces traversées. En 1979, l'opinion publique mondiale réagit et le Haut Commissariat des Nations unies pour les réfugiés organise l'accueil des réfugiés de la mer. Presque 2 millions ont trouvé un asile dans les pays occidentaux.

Les photos des **embarcations** débordant d'hommes, de femmes et d'enfants, prêtes à sombrer, ont provoqué une mobilisation internationale. La France a accueilli plus de 128 000 réfugiés vietnamiens et cambodgiens.

La France ? Hoang est déçu. Il ne veut pas aller en France. Les États-Unis, c'est bien mieux ! La seule chose qu'il connaît de la France, c'est une chanson, « Frère Jacques ». Soudain, il sent son père se raidir.

– La tempête arrive. Quoi qu'il arrive, ne me lâche pas !

Ballotté par le roulis, Hoang sent des haut-le-cœur lui remonter à la gorge. Derrière lui, la voile claque sous les rafales de vent, tandis que les vagues cognent furieusement aux flancs du bateau. Brusquement, des trombes d'eau salée s'abattent sur les passagers transis, auxquelles succède un silence inquiétant. Quelqu'un hurle :

– Un typhon !

Le bateau fait une terrible embardée et se couche sur le côté. Les passagers tombent les uns sur les autres, tandis qu'une vague plus haute passe par-dessus le bastingage et s'écrase sur Hoang et son père. Toussant, crachant, ils s'agrippent l'un à l'autre. Hoang entend son père hurler :

– Me, Loan, où êtes-vous ? Laï, n'aie pas peur !

Hoang sent alors le pont se fendre sous ses pieds.

– Respire ! crie son père.

Terrifié, Hoang se sent happé par un tourbillon froid et

mortel. De l'eau salée entre dans ses yeux, ses oreilles, ses narines. De l'air ! Vite de l'air ! Tandis qu'il suffoque, une main le saisit par les cheveux et lui maintient la tête hors de l'eau… C'est oncle Bao.

Hoang aspire l'air avidement.

– Cha ? Me ? Où sont-ils ? crie-t-il en crachant l'eau salée qui lui pique la gorge. Laï ? Loan ?

Autour d'eux, les vagues noires bordées d'écume se calment et les poussent bientôt vers la côte. Oncle Bao peine à maintenir Hoang à la surface et hurle :

– Accroche-toi à ce débris !

Bientôt des arbres se dessinent devant eux. La terre ! Ils sont sauvés !

Dans un dernier sursaut d'énergie, oncle Bao aide Hoang à regagner le rivage et tous deux s'écroulent épuisés sur le sable. Ils sont revenus à leur point de départ.

CHAPiTRE 3

LES PiRATES

La voix d'oncle Bao réveille Hoang :

– Allez mon garçon, debout ! Il ne faut pas rester sur la plage. C'est dangereux.

Hoang ouvre les yeux et murmure :

– Cha ? Me ? Et mes sœurs ?

Oncle Bao secoue la tête avec tristesse :

– Ils ont disparu dans la mer. Avec beaucoup d'autres… Je suis désolé.

Un froid glacial envahit le cœur de Hoang. Il veut parler mais ne parvient pas à prononcer le moindre mot tant le chagrin et la stupeur le paralysent. Les yeux baignés de larmes, il se relève en étreignant son petit éléphant en bois. Mais son oncle le presse :

– Viens, nous devons nous cacher dans la jungle à cause des garde-côtes et organiser un second voyage.

Quelques jours plus tard, un nouveau bateau prend la mer. La peur au ventre, Hoang embarque avec oncle Bao. Il remarque aussitôt l'eau qui lui lèche les pieds.

« On est beaucoup trop nombreux, on va couler ! » Mais non. L'embarcation s'éloigne du rivage et commence la traversée.

Rapidement, les vivres et l'eau se mettent à manquer. Affamé, plein de colère et de chagrin, Hoang remarque un petit garçon de cinq ans qui lui sourit timidement. Gêné, Hoang détourne le regard. Il ne veut parler à personne ! S'assoupissant, il rêve d'eau fraîche, de pastèque et de melon juteux quand un silence inhabituel le réveille.

Le moteur s'est arrêté !

(suite page 23)

DiCO DES EXiLÉS

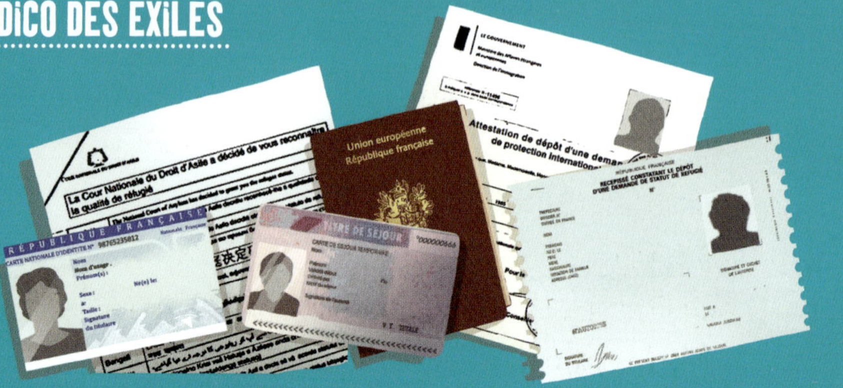

Réfugié :

C'est une personne qui fuit son pays car sa vie et sa sécurité sont menacées. Il a droit à une protection internationale. Ils sont 25,9 millions dans le monde.

Demandeur d'asile :

Un demandeur d'asile est quelqu'un dont les droits ne sont pas respectés dans son pays et qui demande une protection, mais qui n'est pas encore reconnu comme un réfugié légalement. Il est en attente d'une reconnaissance de son statut. Ils sont 3,5 millions dans le monde et leur nombre augmente sans cesse (UNHCR, 2019).

Migrant :

On considère qu'un migrant est une personne qui vit en dehors de son pays d'origine et qui n'est ni un demandeur d'asile, ni un réfugié. Certains migrants quittent leur pays pour travailler, étudier ou rejoindre des membres de leur famille. D'autres fuient la guerre, les catastrophes naturelles ou la pauvreté.

Réfugié climatique ou écologique :

C'est quelqu'un qui ne peut plus rester chez lui à cause d'un changement environnemental qui met en péril son existence ou affecte ses conditions de vie. La dégradation de l'environnement et le changement climatique provoquent souvent la désertification, la déforestation, la montée des océans et obligent des groupes de personnes à fuir leur lieu de vie. Il n'existe pas pour l'instant de statut juridique pour ces réfugiés.

Émigré :

Désigne toute personne qui quitte son pays d'origine pour venir vivre dans un autre pays. L'Afrique a beaucoup d'émigrés qui partent pour l'Europe.

immigré :

On emploie ce terme pour désigner quelqu'un qui vit dans un pays autre que celui où il est né. En France, ils sont un peu plus de 6,5 millions, soit 9,7 % de la population (Insee, 2018).

Le capitaine rassure aussitôt les passagers :

– Pas de problème, je vais réparer.

Les heures passent et l'angoisse grandit, quand, soudain, un homme tend le bras, le visage affolé :

– Des pirates !

Hoang blêmit. Certains récits lui reviennent en mémoire : des bandits sillonneraient la mer de Chine, n'hésitant pas à dépouiller les voyageurs. On chuchote qu'ils coulent même certaines embarcations avec tous leurs passagers…

Les entrailles nouées, il sent une petite main se glisser dans la sienne. Surpris, il aperçoit le petit garçon qui le regarde, terrifié, en chuchotant :

– Je m'appelle Tao.

Hoang lui serre la main en souriant mais regarde avec appréhension l'embarcation se rapprocher.

Sur le pont, les pirates armés de machettes les fixent méchamment. Soudain, l'un d'eux lance un crochet qui se plante dans le bastingage, juste devant Hoang ! Bondissant sur ses pieds, oncle Bao saisit une hache fixée à une rambarde et tranche vigoureusement la corde. Les pirates hurlent de rage tandis que les deux bateaux s'éloignent l'un de l'autre. Sont-ils sauvés ?

Oui, le moteur repart ! Victoire ! Le bateau fait une embardée en crachant un jet de fumée et distance rapidement les pirates. Le garçonnet regarde oncle Bao avec des yeux écarquillés et file rejoindre son grand-père allongé sur le pont. Oncle Bao s'affale sur le pont.

– Pffuu, on a eu chaud ! J'ai cru ma dernière heure arrivée !

– Pourtant, nous étions plus nombreux qu'eux ! remarque Hoang. À nous tous, nous aurions pu facilement les vaincre !

– Tu crois ? fait l'oncle avec scepticisme. Je n'en suis pas sûr. Nous ne sommes pas des soldats, juste des familles qui fuient leur pays. Pour vaincre, il faut savoir qu'on peut gagner.

Plus tard, une petite île se profile à l'horizon. Par chance, elle appartient aux Philippines et pas au Vietnam. Des soldats leur servent une soupe de riz mélangée à des feuilles de moringa* et à de l'eau saumâtre. Hoang fait la grimace, mais oncle Bao l'encourage :

– Allez, avale ! Le goût est amer mais c'est très nourrissant.

* *Moringa : un arbuste d'Asie.*

Pour se consoler, Hoang contemple la barrière de corail qui étincèle au soleil quand, derrière lui, une voix demande timidement :

– Ta famille te manque, n'est-ce pas ? Moi, je n'ai plus que mon grand-père…

Hoang tressaille et se retourne. Adossé à un arbre, Tao ajoute :

– Tu sais, on va détruire le bateau cette nuit pour ne plus pouvoir revenir en arrière.

– Quoi ? Hoang s'exclame, interloqué.

Tao sourit malicieusement :

– Comme ça, les soldats seront obligés de s'occuper de nous.

Au petit matin, un soldat ébahi découvre les dégâts. Prévenu, l'officier vocifère et gesticule devant les villageois impassibles... puis déclare en haussant les épaules :

– Maintenant, vous êtes officiellement des réfugiés.

Quelques jours plus tard, les rescapés sont acheminés jusqu'au camp de l'île de Palawan sur un bateau de guerre philippin. Le voyage promet d'être encore long et mouvementé.

CHAPiTRE 4

LE CAMP DE PALAWAN

Sur l'île de Palawan, au sud-ouest de l'archipel des Philippines, la jungle recouvre les montagnes jusqu'à la côte où s'étire le camp des réfugiés... Au milieu des milliers d'abris en bambou recouverts d'un toit de tôle, oncle Bao déclare avec satisfaction :

– J'ai fait une demande pour que la France nous accueille...

– Ah non, pas la France ! râle Hoang. L'Amérique, c'est mieux !

– Ah oui, s'amuse l'oncle. Et pourquoi donc ?

– Ils ont du Coca-Cola, des gratte-ciel et le cinéma ! lance triomphalement Hoang.

Oncle Bao s'esclaffe :

– Que tu es bête ! En France aussi, ils ont du Coca et le cinéma. Et ils ont aussi la tour Eiffel et le château de Versailles !

Hoang pince les lèvres. La France ? Plus il y pense, plus il se sent en colère contre son oncle. Se levant brusquement, il quitte la baraque qui les héberge, son oncle, lui et une autre famille.

La France ? Pfft… Tao le rattrape et l'entraîne vers un groupe d'enfants.

– Allez, arrête de bouder ! Viens plutôt écouter le vieux Chi qui raconte des histoires d'éléphant.

– Moi, j'en ai un ! s'écrie sans réfléchir Hoang.

– Ah oui ? s'étonne le vieux Chi… Et où est-il donc ? Je croyais qu'un éléphant, ça prenait un peu de place et

qu'on ne le trouvait pas dans une poche !

Son rire caquetant se mêle aux gloussements des petits.

– Eh bien, le mien, si ! riposte Hoang, vexé, en sortant son petit éléphant en bois.

Les soupirs d'envie des enfants s'élèvent aussitôt.

– Tu lui as donné un nom ?

– Oui, répond Hoang. Il s'appelle Bac Vinh.

– C'est le nom de ton village, n'est-ce pas ?

Hoang opine de la tête. Le vieillard devient grave :

– Tu sais qu'en transportant cet éléphant, qui est sacré pour nous, les Vietnamiens, c'est comme si tu transportais dans ta poche notre pays tout entier.

Hoang hoche à nouveau la tête et s'éloigne, le cœur lourd.

Une petite main se glisse dans la sienne. C'est celle de Tao qui le regarde avec anxiété. Hoang le rassure en reniflant :

– Ne t'inquiète pas, je sais bien que je ne suis pas tout seul à avoir perdu les miens. Au moins, j'ai oncle Bao. Et il y a toi et les copains…

Soudain, un cri retentit :

– Attention ! hurle un garçon.

Trop tard. Le ballon tape violemment la nuque de Hoang, qui trébuche et s'étale par terre. Furieux, il se relève et saisit le ballon.

– Hoang ! Fais-moi la passe, crie Dung, un garçon de douze ans.

– Tiens voilà, attrape…

La balle vole au-dessus des têtes et le fameux Dung n'a plus qu'à tirer un formidable coup de pied. But !

LES MIGRATIONS DANS L'HISTOIRE

Aux origines

On pense aujourd'hui que l'être humain est apparu en Afrique et qu'il se serait rapidement déplacé, provoquant la première migration en Eurasie il y a près de 1,8 million d'années… Les hommes se déplacent pour se nourrir ou échapper à des conditions climatiques difficiles.

L'esclavage, une migration forcée

Depuis l'Antiquité, l'esclavage existe dans toutes les sociétés. Les Africains ont été particulièrement touchés par cette pratique qui consiste à vendre des êtres humains pour les obliger à travailler. À partir du XVIe siècle, l'Europe pratique la traite des Noirs et envoie des esclaves africains dans ses plantations ou ses mines en Amérique.

À la conquête du Nouveau Monde : une migration volontaire

Après la découverte du continent américain par Christophe Colomb en 1492, des Européens traversent l'océan pour aller vivre dans ces nouveaux territoires, pourtant déjà occupés par des populations. En 1776, les colonies anglaises proclament leur indépendance, c'est la naissance des États-Unis.

Au XIXe siècle

La vapeur remplaçant la voile, les déplacements s'intensifient. Pour des raisons économiques (manque de travail, famine) ou politiques (persécutions, guerre), des millions d'Européens (Britanniques, Irlandais, Allemands, puis Italiens, Slaves et juifs russes) quittent leur pays pour émigrer aux États-Unis, au Canada, en Australie ou en Amérique du Sud.

Au XXe siècle

Après les deux guerres mondiales les pays européens manquent de main-d'œuvre. Ils font alors appel à des travailleurs venus d'Europe de l'Est et d'Afrique du Nord. Ces travailleurs ont souvent fait venir leurs familles et se sont installés définitivement dans leur pays d'accueil. Mais l'intégration culturelle reste parfois difficile…

Et aujourd'hui ?

En 2019, 71 millions de migrants étaient sur les routes, dont plus de la moitié dans leur propre pays (UNHCR, 2019). En 2018, plus de 600 000 demandeurs d'asile se sont adressés à l'Union européenne, qui peine à harmoniser ses politiques d'accueil et de contrôle.

Plus tard, les trois garçons se retrouvent sur le sable qui leur sert de salle de classe. Ils sont des milliers à s'asseoir sous les arbres pour apprendre la langue de leur pays d'accueil. Depuis qu'il apprend le français avec Petite Sœur Francis, Hoang découvre un pays et une culture assez attirants. Il a vu des photos du Mont-Saint-Michel, des plages de Normandie… « Finalement, la France, ce n'est peut-être pas si mal… »

Puis arrive la mousson, le ciel s'assombrit, la température fraîchit et des trombes d'eau se déversent sur le camp. Dans les arbres ruisselants, les grillons, les cacatoès et les calaos piaillent, glapissent ou roucoulent. Les réservoirs d'eau potable se remplissent et chacun sort un bidon, une bassine, une écuelle pour recueillir la moindre goutte de pluie. La boue inonde les rues et les moustiques envahissent les maisons.

Tant que dure la mousson, l'école est fermée. Hoang, Tao et Dung regardent alors les bateaux qui accostent avec régularité. Le flot ne se tarit pas. Les petites barques, débordant d'hommes, de femmes et d'enfants, se vident

(suite page 36)

Paris
la capitale de
la France

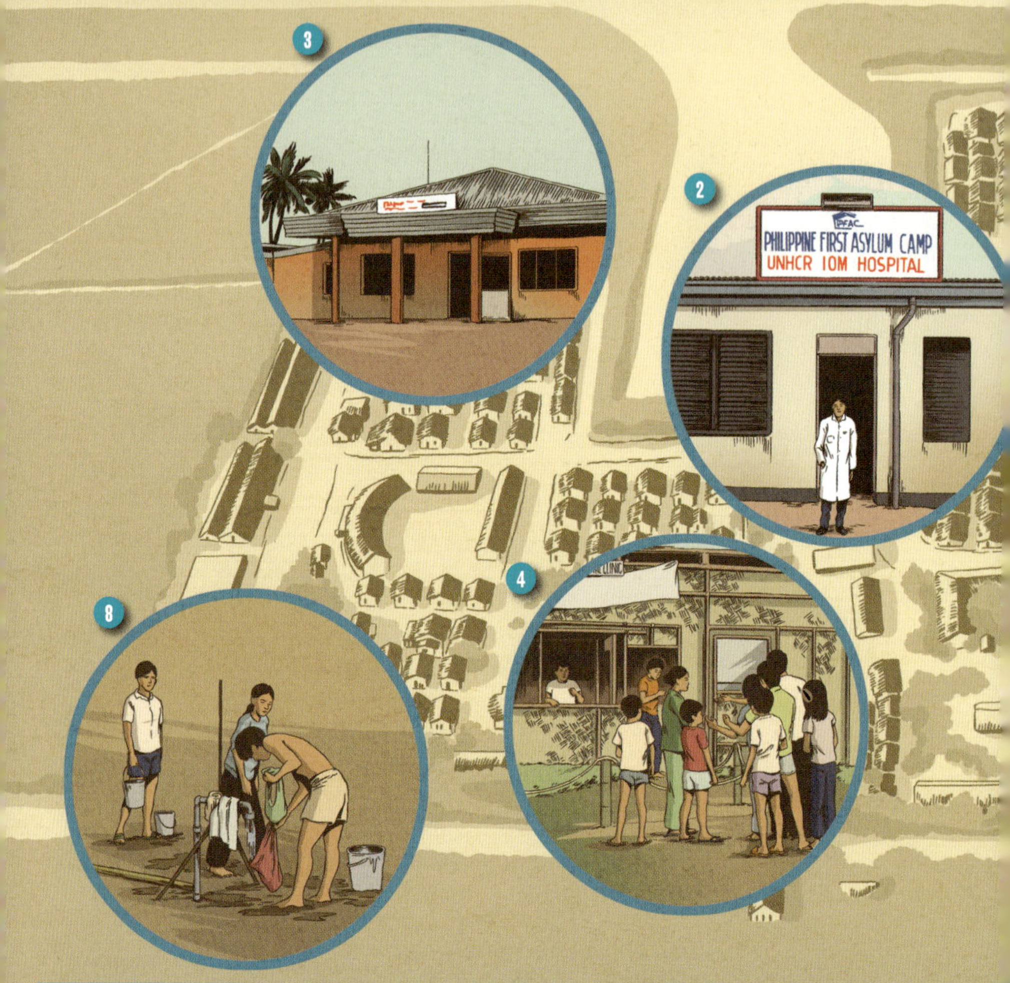

LE CAMP DE PALAWAN AUX PHILIPPINES

Ouvert jusqu'en 1993, le camp de Palawan a accueilli plus de 250 000 réfugiés. Il fonctionnait comme une petite ville.

1. L'école : des milliers d'enfants apprennent le français ou l'anglais pour mieux s'intégrer dans leur pays d'accueil.

2. L'hôpital permet de soigner les maladies causées par les conditions de vie difficiles : promiscuité, saleté, malnutrition…

3. Un bureau : pour identifier les réfugiés et organiser les transferts vers les pays d'accueil.

4. Le dispensaire : des infirmières et des infirmiers dépistent et soignent les maladies bénignes, vaccinent les réfugiés et s'occupent des femmes enceintes.

5. Un restaurant : on y distribue des repas à base de nouilles ou de riz, avec du poisson de temps en temps.

6. Une chapelle catholique : il existe aussi une chapelle protestante et un temple bouddhiste pour prier.

7. Une scène de spectacle : on y jouait des concerts et du théâtre.

8. Un point d'eau pour boire et se laver. Les enfants allaient se baigner dans une petite grotte, malgré la présence de serpents.

dès qu'elles touchent le sol de l'île. Les plus gros cargos en font tout autant. Le camp s'agrandit et les listes de demandes pour rejoindre l'Amérique, l'Europe ou l'Australie s'allongent.

Le quatrième jour du mois d'octobre, la pluie s'arrête. C'est le début de la saison sèche. Les enfants retournent à l'école avec joie. Petit à petit, le chagrin de Hoang commence à s'atténuer, mais, la nuit, il fait encore de terribles cauchemars.

CHAPITRE 5

DÉPART VERS L'INCONNU

Décembre 1979.

En lisant le journal, oncle Bao ne cache pas son soulagement.

– Le droit d'asile est enfin reconnu ! Et les pays occidentaux s'engagent à accueillir plus de 260 000 réfugiés… On va enfin quitter ce camp !

Mais Hoang pense à autre chose :

– Oncle Bao, que va devenir Tao ? Il est tout seul maintenant que son grand-père est mort…

L'oncle se gratte la joue en haussant les épaules.

– Je suppose qu'il va aller dans un orphelinat…

– Mais on ne peut pas le laisser là, s'écrie Hoang, le regard indigné. Et si tu l'adoptais ?

Oncle Bao sursaute.

– Holà mon garçon ! Je sais que tu aimes beaucoup Tao, mais je ne peux pas adopter un garçon qui n'est pas de ma famille. Toi, tu es mon neveu. C'est différent.

– Je le sais bien, mais je t'en supplie ! Je suis comme son

grand frère… J'ai besoin de lui et il a besoin de moi.

– Humm, bougonne oncle Bao, je vais me renseigner, mais je ne te promets rien.

Devant le sourire radieux de Hoang, il agite la main :

– Allez, va me chercher une palme pour faire de l'air, il fait une chaleur suffocante !

Quelques jours plus tard, c'est officiel ! Tao est adopté par oncle Bao, qui a déjà prévenu les cousins français qu'ils arriveront à trois.

Et quelques jours plus tard, tout bascule…

Un haut-parleur hurle les noms de ceux qui vont partir dans le prochain avion pour la France.

Cette fois, Hoang bondit ! Les yeux brillants, il se tourne vers son oncle et Tao. Tous trois s'enlacent en riant et en pleurant.

– Hourra ! hurle Hoang. On va enfin partir !

Le lendemain, l'avion s'envole dans un ciel sans nuages et fait escale à Manille, la capitale des Philippines, avant de rejoindre Paris. Dix mille sept cents kilomètres séparent les deux villes. Dès que Hoang l'apprend, il sent son cœur se serrer…

Au moment d'atterrir, l'hôtesse de l'air annonce :

– Bienvenue à l'aéroport de Roissy-Charles-de-Gaulle, la température locale est de zéro degré.

– Regarde, Tao ! s'exclame Hoang, c'est tout blanc ! C'est ça, la neige ?

Oncle Bao sourit :

– C'est beau, n'est-ce pas ? Mais c'est froid ! Je crains que nos vêtements ne soient pas du tout appropriés. Enfin tant pis, soupire-t-il. L'essentiel est d'être arrivé.

À peine Hoang et Tao posent-ils le pied sur la passerelle que le froid les transperce. Vêtus d'un short et d'un tee-shirt, ils se mettent à frissonner et à claquer des dents. Les bras croisés sur la poitrine, ils traversent le tarmac quand une dame du comité d'accueil s'élance vers Tao :

– Mon pauvre petit ! Tu dois mourir de froid ! Tiens, enfile ça, dit-elle en retirant son large manteau de fourrure noire et en le posant sur les épaules du garçon.

Tao se tourne vers Hoang, un sourire émerveillé aux lèvres.

– J'ai l'impression d'être une panthère, au chaud dans ma fourrure…

(suite page 44)

TOUT QUITTER…

Chaque jour, des milliers de personnes décident de quitter leur pays pour trouver ailleurs une vie meilleure. Mais c'est un voyage périlleux où beaucoup perdent la vie.

Pourquoi partir ?

Le pays est en guerre et les personnes ne sont plus en sécurité. Ou bien la situation économique est difficile et il n'y a pas d'emploi pour les personnes (surtout les jeunes). Parfois aussi les catastrophes naturelles (séisme, ouragan, éruption, tsunami…) obligent les gens à partir.

Quels sont les dangers ?

Les dangers sont nombreux et parfois mortels. Certains migrants perdent leurs biens au cours de la traversée et sont obligés de travailler pour payer leur passage. Des policiers peuvent les arrêter, les battre et les emprisonner durant un certain temps. Un des dangers les plus terribles est la séparation des familles pendant le voyage. Enfin, un certain nombre de migrants se noient pendant la traversée à cause des tempêtes ou des chavirages. L'embarcation est souvent trop lourde et n'a pas le moteur approprié ou assez d'essence pour aller au bout du voyage.

Le rôle des passeurs

Les passeurs organisent et facilitent le voyage des personnes qui veulent rejoindre un pays de manière clandestine. Contre de l'argent, ils font passer les frontières et trouvent des bateaux, souvent trop vieux et trop chargés, pour faire « passer » les migrants de l'autre côté de la mer.

6
4
5
2

ITINÉRAIRE D'UNE FAMILLE DE MIGRANTS

De nos jours, au XXIᵉ siècle, des milliers de personnes dans le monde continuent de fuir leur pays pour échapper à l'oppression ou à la guerre. Voici l'exemple de Rami, un enfant de 10 ans contraint de quitter Alep, en Syrie, pour vivre en paix avec sa famille.

1. Alep (Syrie) en février 2014 : Rami et sa famille quittent Alep qui est bombardée.

2. Izmir (Turquie), avril 2014 : ils tentent de passer à pied en Bulgarie mais se font arrêter et renvoyer à Istanbul (Turquie).

3. Istanbul : le papa de Rami dépense toutes les économies de la famille et travaille un an pour payer un passeur qui les fait passer en Grèce (1 500 € par personne).

4. Traversée de la Méditerranée en mai 2015 : ils restent douze heures sur un canot pneumatique avec une trentaine d'autres migrants.

5. Île de Lesbos (Grèce) : la famille de Rami est accueillie dans un camp de réfugiés ; pendant dix-huit mois, ils vivent sous une tente en plastique et souffrent beaucoup du froid.

6. Marseille, novembre 2017 : grâce au plan européen de solidarité, Rami et sa famille sont transférés en France. Rami et ses frères et sœurs vont à l'école, mais ses parents ne travaillent toujours pas ; ils doivent d'abord apprendre le français et obtenir un permis de séjour.

Dans le hall surchauffé et bruyant, Hoang se retrouve face à une foule de Vietnamiens venus attendre des membres de leur famille en brandissant des pancartes, le visage anxieux. Un couple s'approche d'eux et s'incline.

– Soyez les bienvenus en France, salue l'homme avec un sourire timide. Je suis cousin Than et voici cousine Lè.

Oncle Bao courbe la tête en joignant les mains :

– Merci cousin de nous accueillir chez vous. Votre présence réconforte mon vieux cœur… Nous ne sommes plus seuls, n'est-ce pas les garçons ?

Ces derniers opinent de la tête, abasourdis par les cris et la chaleur.

Instinctivement, Hoang cherche son éléphant dans sa poche et le caresse avec nostalgie. Ses parents lui manquent, ainsi que ses sœurs et ses grands-parents. Mais il n'est pas seul. Redressant les épaules, il prend Tao par la main et se fait une promesse : celle de revenir au Vietnam un jour ! En attendant, un nouveau pays l'attend, la France.

ÉPILOGUE

Quarante ans plus tard, en 2019.

Une fillette s'assoit sur les genoux de Hoang et murmure :

– Papa, raconte-moi encore ton histoire.

Hoang lui sourit.

– Mathilde ! Tu la connais déjà !

– C'est une histoire triste… Elle me fait parfois pleurer, avoue la fillette.

– C'est vrai, elle est triste. Mais regarde, aujourd'hui, je suis instituteur, j'ai épousé ta maman, Sarah, et tu as une grande sœur, Pauline. Alors, mon histoire se termine plutôt bien !

– Et il y a aussi père Martinon, le prêtre de Briançon qui t'a adopté quand tu étais jeune. C'est pour ça qu'on s'appelle Nguyen-Martinon. Ça sonne bien !

– Il m'a recueilli et consolé quand j'étais adolescent et que je ne savais pas quoi faire de ma vie. Je lui dois beaucoup… Bon allez, file préparer tes bagages ! Demain matin, nous partons pour Bac Vinh !

Deux jours plus tard, Hoang et sa famille se retrouvent de l'autre côté de la terre, dans le sud du Vietnam. Devenu adulte et depuis plusieurs années, Hoang aide les gens de son village natal. Il organise la distribution de repas chauds pour les personnes âgées qui n'ont personne pour s'occuper d'eux et a fait reconstruire l'église. Avec l'aide d'une association créée en France, il a fourni des ordinateurs à l'école du village.

Aujourd'hui encore, il vit à cheval entre la France et le Vietnam.

Ou plutôt – devrait-on dire – à dos d'éléphant !

ÉPILOGUE

Retrouve Images Doc en librairie !

LES ENCYCLOPÉDIES

Pour découvrir l'Histoire et ceux qui l'ont faite

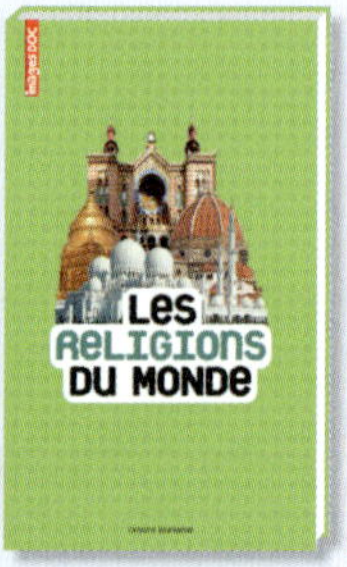

184 pages • 14,90 €

LES BD

Pour voyager au cœur de l'histoire des hommes

330/400 pages • 24,90 €

100 pages • 13,90 €

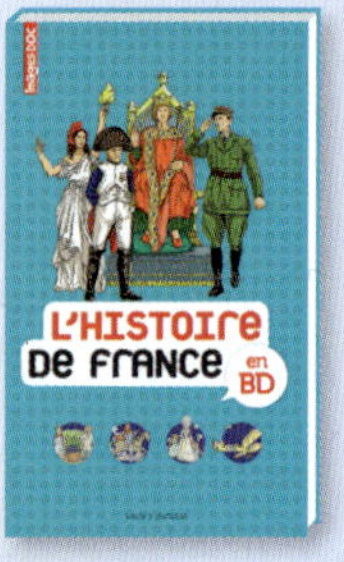

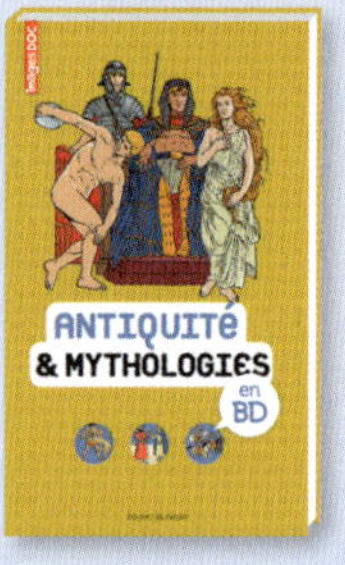

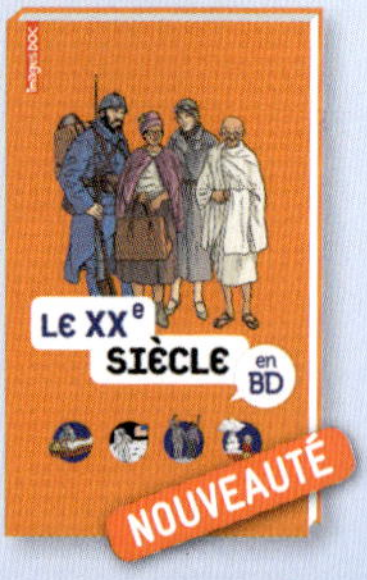

200 pages • 19,90 €

bayard